快適な
住宅プロジェクト

関口　正男

上毛新聞社

前橋工科大学
ブックレット**6**

前橋工科大学ブックレット（快適な住宅プロジェクト）

目　　　次

はじめに

はじめに

　家の作りやうは、夏をむねとすべし。冬は、いかなる所にも住まる。暑き比わろき住居は、堪へ難き事なり。

　深き水は、涼しげなし。浅くて流れたる、遥かに涼し。細かなる物を見るに、遣戸は、蔀の間よりも明し。天井の高きは、冬寒く、燈暗し。造作は、用なき所を作りたる、見るも面白く、万の用にも立ちてよしとぞ、人の定め合ひ侍りし。

吉田兼好　『徒然草』より

　吉田兼好が鎌倉時代後期に執筆した随筆『徒然草』の一説です。家の作り様が、"夏をもって旨とすべし"とあります。いずれの時代からも、夏の暑さには堪えていたことが推測されます。兼好は"千年猛暑"とも表現しています。"心頭滅却すれば、火もまた涼し"（杜荀鶴・晩唐の詩人）という境地に至ることはできなかったようです。

　現代の気象歴史では、平安、鎌倉の時代は世界的な中世温暖期にあたっていたことも指摘されています。夏の過ごし方が大きなテーマであったようです。

　また、天井が高い家は寒く、暗いので、よろしくない旨も記しています。現在の住宅事情と差異が無いことに機微を感じます。このようなことからも、鎌倉時代の人々の住居に対する思いはひとしおであったことが垣間見られます。

　快適な住処は古くから、そして未来への永遠のテーマかもしれません。

第一章　冷房・暖房技術の知恵

　電力エネルギーを使わず、自然の摂理を上手に利用して夏の涼感、冬の温暖感を得る考え方をパッシブ手法と呼んでいます。家を、様々な手法を用いて省エネルギー化するとともに、自然エネルギーを上手に取り込む工夫が必要なことから、建築依存型省エネルギー手法と言えます。

　一方で、現在は電力エネルギーを便利に利用できますから、様々な省エネルギー化された冷暖房機器、給湯機器などを利用して住居内の住み心地を改善する考え方をアクティブ手法と呼んでいます。建築設備依存型省エネルギー手法と言えます。現在の省エネルギー手法がその中心となっています。

　冷暖房技術の歴史はモノを冷やす工夫の歴史といっても過言ではありません。その基本原理は、長い間、気化熱に依存していました。

　1　素焼きの壺に入れた水は冷える…染み出た水が蒸発する時に熱を奪う
　2　打ち水をする…………………………水の蒸発で周辺温度が下がる
　3　土間や蔵は涼しい…………………熱容量の大きな材料に冷蓄熱させる

　など、例を挙げれば枚挙に暇がありません。これらの技術は特にエネルギーは不要ですから、現在の表現ではパッシブ・クーリングと表現でき、大層な表現になってしまいます。ここでは、現在の物理化学の常識を生活実験の中から理解しているわけです。

　人間が電力を手に入れてから、エネルギーを使って積極的に冷水や氷を作ろうとする試みは 18 世紀に遡ります。ウィリアム・カレン (W.Cullen 1712

〜1790年）はエーテルの気化冷却により氷を作りました。日本では寛政の改革、群馬県では浅間山の大噴火の時代です。

　19世紀末にはカール・フォン・リンデが冷凍機の特許を取得しています。すでに冷媒ガスの状態変化による技術が完成しています。

　このように、電力で室内の空気を冷やすクーラーは、すでに基本原理が19世紀に出来上がっていたのです。しかし、技術はあっても、一般庶民に冷暖房が普及するのは20世紀後半と言えます。

　そして21世紀の現在、パッシブ手法（建築の省エネルギー性能に依存）とアクティブ手法（省エネ機器、創エネ機器の積極的利用）は単独では存在せず、双方の効率的な性能のバランスが最も省エネルギー性能が良く、人にやさしい住宅が出来上がることは既知となっています。

1−1　建築自身の省エネルギー性能（パッシブ性能）の成立

　日本古来の建築を一般民衆から検証すれば掘っ立て小屋から始まり、稲作と高床式住居は佐賀県の吉野ケ里遺跡でも見ることができます。雨風を防ぐことに重点が置かれた住居でありました。貴族の住居では平安時代の寝殿造りから室町時代の書院造に繋がるとともに、寝殿造りでは形式として未完成の壁から書院造では壁が成立することにより室間を仕切ることができました。その後、江戸末期から昭和初期までは日本の住居の中心的形式を成してきたわけです。これまでは断熱・遮熱の概念はありませんでした。気密性能を上げることが寒さから身を守り、開放することによって蒸し暑さから解放される手法でした。

　コンクリートの集合住宅は関東大震災の経験をもとに耐火性能に重点を置き、1930年の同潤会でアパートが段階的に建設されスタートしました。そ

の後、太平洋戦争の戦災復興の為に多く造られるようになりましたが、この段階でも断熱材が一般的ではなかったので寒さ、暑さからの解放に大きな性能の差は向上していません。1970年代になり、断熱材が市販され始めました。しかし、断熱材の正しい施工方法が確立していなかったので、内断熱工法で断熱施工し、その結果、壁体内結露の被害が増大しました。このような歴史的段階を踏んで、現在では断熱、遮熱、防湿、結露防止などの正しい理論が一般化し、正しい施工方法が定着しています。このような熱的性能の向上性を目指す建築を建築依存型のパッシブ手法と定義されています。

第二章　冷暖房と住人の健康

　日本の気候は温帯湿潤気候から冷帯湿潤気候に属しています。世界の気候からみると、四季がはっきりしていることは特徴的です。また気温の年較差が日較差よりも大きいことが挙げられます。降水量も多く、梅雨や秋霖で降水量の年変化が大きいことが特徴として挙げられます。このようなことから、日本は水の国であるとともに、多様な植物が生育している自然豊かな国です。

　近年は地球温暖化が懸念されていますが、日本は海に囲まれていますから、日本の気候・気象は海水温度、海流などによって最も影響を受けることになります。諸外国の異常気象現象と異なり、大干ばつや酷暑・猛暑などが少ない国であるとも言えます。

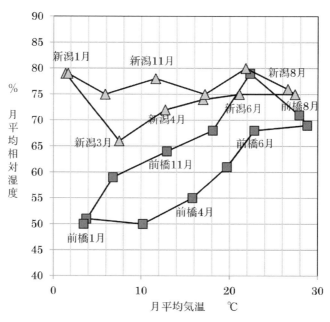

図1-1　前橋市と新潟市を比較した相対湿度・平均気温からみる気候図

　図1−1は横軸に月平均気温、縦軸に月平均相対湿度とした気候図（クライモグラフ・クリモグラフとも言う）です。各地域の月別平均気温、月別平均湿度をグラフ上にプロットし、月ごとのデータを結んでできていますので、このグラフは閉じています。

　気候図は、家づくりには欠くことのできない重要な環境要素の一つです。私たちが生活する上で、暑さ、寒さの寒暑感を客観的に示しています。あらためて居住地域の気候図と生活実感を照らし合わせると納得できる事象も浮かび上がってきます。

　ここでは関東平野の北西に位置し山脈で分かれている地域として、太平洋側の前橋市と日本海側の新潟市を比較して示しました。前橋市の1月は乾燥していて寒く、新潟市の1月は湿潤で寒い事がわかります。また、新潟市は通年で相対湿度が高く、前橋市は冬季の乾燥期と夏季の湿潤期で大きく異なる事がわかります。

　概して日本では6月〜9月の夏季には冷房を、11月〜3月の冬季は暖房しなければ快適に生活できませんが、このような気候的特徴から、その手法に違いが生じます。前橋市においては夏季の冷房・除湿に重点を置き、新潟市においては通年で除湿が必要になります。一例として温度、湿度とカビの関係は密接ですから住人の健康維持に対する配慮の手法も大きく異なるのです。このように、地域ごとの気候と向き合った家づくりが求められるのです。

２－１　室内環境基準値

　人が健康に生活するための環境基準値は厚生労働省が建築物環境衛生管理基準として定めています。建築基準法や、いわゆるビル管理法といわれるものです。以下に示した数値は、目標値として家づくりの基本となるものです。

　表２－１に項目と許容値一覧を示しました。

表２－１　室内環境基準値

ア	浮遊粉じんの量	0.15 mg/m^3 以下
イ	一酸化炭素の含有率	100 万分の 10 以下（＝ 10 ppm 以下） ※特例として外気がすでに 10ppm 以上ある場合には 20ppm 以下
ウ	二酸化炭素の含有率	100 万分の 1000 以下（＝ 1000 ppm 以下）
エ	温度	(1)　17℃以上 28℃以下 (2)　居室における温度を外気の温度より低くする場合は、その差を著しくしないこと。
オ	相対湿度	40% 以上 70% 以下
カ	気流	0.5 m/ 秒以下
キ	ホルムアルデヒドの量	0.1 mg/m^3 以下（＝ 0.08 ppm 以下）

ppm（parts per million）：質量比で 100 万分の 1 の単位

ア：浮遊粉じんとは、空気中にただよっている粒径 10 μ m 以下のホコリを総称して浮遊粉じんといい、その原因物質には、たばこの煙、ハウスダスト、カビの胞子、花粉などで、シックハウス症のようなアレルギーの原因になります。

イ：一酸化炭素（CO）は毒性が強く、一酸化炭素の量が多いと呼吸時に、体内に酸素を十分に取り込めず、酸欠になります。主に喫煙時や、化石燃料や木炭の不完全燃焼時に多く発生します。

ウ：二酸化炭素（CO_2）は高濃度になると酸欠になりますが、物質として人体に有害ではありません。地球温暖化の悪者のように扱われていますが、植物が光合成を行って炭水化物を作るための原材料です。過度な脱 CO_2 社会は危険かもしれません。

エ：温度は、一般に室温を指します。暑さ寒さの寒暑感は室温だけではなく、人の活動量などが影響しますので個人差や行動や運動状態によって大きく異なりますが、安静時の快適な温湿度として指針に示してあります。冷暖房の健康的な使用は省エネにも役立ちます。以下の温度を目安に室内の温度管理をしましょう。

夏季の冷房設定温度…28℃
冬季の暖房設定温度…20℃

オ：相対湿度は室内の水蒸気の多少が体感として実感できます。室内の相対湿度は、70%を超えるとカビが発生しやすくなり、梅雨時から初秋にかけて注意が必要です。秋季になると気温が下がってきますので実感できませんが、最もカビや食中毒の要注意時期でもあります。冬季の相対湿度は、30%を下回ると風邪をひきやすくなりますので 40 ～ 60% を目安に調整することが良いでしょう。

カ：気流は、その気流速度が速いとホコリが舞う、紙類が動くなどの現象が生じるとともに、寒さを助長しますので毎秒 0.5 m 以下を目安とします。室内空気は動かないことが理想であると言えます。

キ：ホルムアルデヒドは室内空気汚染物質の代表で揮発性有機化合物（VOC）の一種です。特にアレルギー症と密接に関わり、シックハウス症候群の代表的原因物質です。

　合わせて、二酸化窒素（NO_2）も注意しなければならない物質です。気管や肺を刺激します。主に喫煙時、開放型ファンヒーターやガス調理器具の使用時に発生します。

２−２　健康的な住まい方の基本

　　NHK の国民生活時間調査 2015 によれば、年齢層に違いはありますが、自宅での在宅時間は平均で 12 時間を大きく超えています。生涯時間の 80％以上を建物の中で過ごしています。人が心安らかに過ごす時間が最も長いのが住居です。人生の質を左右するかもしれない自分自身の住居ですから、上手に住まいたいものです。

上手な住まい方の要素を以下に述べます。

ア：室内空気を常に清浄に保ち、汚染物質は素早く排出します（換気と空気の清浄化）。定期的に清掃、洗濯し、アレルゲンとなるダニの死がいやフン、人のフケやアカなどを取り除きましょう。建築基準法では居室における換気回数（1 時間あたりに室容積の何倍の空気が入れ替わるか）を毎時 0.5 回以上としています。最低でも 1 時間あたり室容積の半分以上の空気を入れ替えましょう、と規定しています。

イ：室内空気を動かさない事（ホコリが舞わないようにします）です。ホコリは多くの細菌を付着させたまま、空中を舞っています。空中を舞ったホコリの行き先など予測できません。タンスの背後などには綿埃として見られます。ここはダニや細菌の温床となるとともに、トラッキング*現象による漏電火災の原因にもなります。

　　　　　　＊トラッキング現象とはコンセントにプラグがしっかりと挿入されてない場合に隙間にホコリが溜まり、そのホコリが空気中の湿気を吸収すること（結露も同様）で、漏電し発

火する現象のことを言います。

ウ：温度、湿度は常に確認して、最適な温湿度を保つようにします（温湿度計を常設しましょう）。特にカビの発生には注意してほしいものです。

エ：各部屋の温湿度差を無くしましょう。住居内の温度差が無いような暖房方法を採用しましょう。高齢者には室間の大きな温度差によるヒートショックは病気の原因になります。各部屋の温湿度差が大きいと「結露」の原因にもなります。結露の発生はカビの発生に直結します。

オ：暖房は頭寒足熱を心がけましょう。

カ：冷房時は，足元を冷やすことが最も体の不調を訴える原因となりますので足元の冷やし過ぎに注意しましょう。

キ：冬季に加湿しすぎると建物の壁体内部で結露します。壁体内部の結露は目視確認できませんから建物を内部から傷めます。また加湿器の中には、加湿器の給水タンクにカビや細菌（レジオネラ属菌など：劇症肺炎の原因細菌として知られています）が発生して、感染症の原因となることがあります。給水タンクなどの洗浄や、水の入れ換えを定期的に行い、加湿し過ぎないことが大切です。

＊カビの発生に注意してください。

　カビは①0℃～40℃の範囲であること②酸素があること③湿度が70％以上であること④成長に必要な栄養分があることの4条件が揃えば発生します。一度発生したカビを元から断つことは容易ではありません。カビは成長して胞子を飛ばしますので、立派なアレルギーの原因物質です。極めて不健康な状態が家の中で保たれてしまいます。

2−3 室内環境と人間の生体反応

2−3−1 シックハウス症候群

日本の室内空気汚染問題は、開放型暖房器具（石油ストーブ、石油ファンヒーター）から発生する窒素酸化物（NOx）や、ダニ・カビなどのアレルゲンによるものが中心でした。近年は、新築、リフォームした家に入居した人から、「目がチカチカする」「頭やのどが痛い」「呼吸が苦しい」といった相談が保健所等に寄せられています。この症状はシックハウス症候群と呼ばれています。住宅の高気密化や化学物質を放散する建材・内装等の使用による室内空気汚染が原因と考えられています。また、「シックハウス症候群」は、住宅の高気密化や建材等の使用だけでなく、家具・日用品の影響、カビ・ダニ等のアレルゲン、化学物質に対する感受性の個人差など、様々な要因が複雑に関係していると考えられています。

2−3−2 室内気温の高低が血圧に及ぼす関係

日本医師会では、室内の低温部によるヒートショックが健康被害に大きな関係があることを指摘しています。

入浴中に亡くなる人の数は全国で年間約1万4000人[1]と推測されていますが、原因の多くはヒートショックである可能性があります。浴室とトイレは家の北側にあることが多く、温熱環境としては寒い場所です。冬季の入浴では、暖かい居間から寒い浴室へ移動します。人間の生体反応として、熱を奪われまいとして血管が縮み、血圧が上がります。お湯につかると血管が広がり、急激に血圧が下がります。このように血圧が何回も大きく高低変動することになります。寒いトイレでも似たようなことが起こります。

血圧の変動は心臓に負担をかけ、心筋梗塞や脳卒中につながりかねません。また、寒冷じんましんのような症例も数多く見受けられます。

　このようなヒートショックを予防するためには、浴室、脱衣室やトイレを暖めなければなりません。居間や寝室との温度差が無い温熱環境が必要です。したがって、住宅は全館冷暖房が理想であり、基本であると考えています。

　入浴の場合も 40℃ 未満のぬるめのお湯に入り、長湯は避けなければなりません。入浴時間も、冷え込む深夜ではなく、早めの時間に入浴するように心がけて、心臓病や高血圧の人には半身浴が望ましいとも言われています。

*1 公益財団法人長寿科学振興財団

第三章　熱放射と遮熱・断熱

　ここでは、「冬温かく、夏涼しい住宅」に必要な要素は遮熱性能、断熱性能です。遮熱と断熱は全く異なる性能を指しますが、ほとんど理解されていません。そこで遮熱性能、断熱性能を以下に示しました。

3－1　熱移動の状態

　熱は高温側から低温側へ移動します。図3－1では左側から右側へ移動します。

　熱移動は熱対流、熱伝導、熱放射の3態に分けられます。

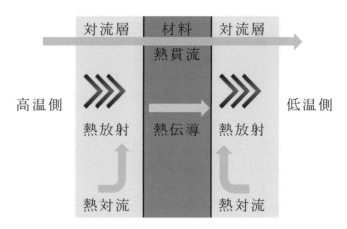

図3－1　壁体周辺の熱移動に関する概念図

　熱対流（convection）は材料近傍にある空気層（対流層と言う）に熱が加わって温度が上がり、空気が膨張することによって上昇します。この時、上昇空気は熱を蓄えて上昇しますから高温側から空気を媒介して熱が材料に伝わり

ます。このような熱の伝わり方を熱伝達と言います。熱は材料の内部に伝わります。このような熱の伝わり方を熱伝導と言います。伝わった熱は低温側の空気に熱が伝わって、空気温度も上昇し、対流現象によって空気は上昇します。このことは、材料から熱が低温側の空気に伝わったことになります。

熱伝導は物質のなかを熱が伝わることで、固体＞液体＞気体、の順に熱を伝えやすい性質があります。熱くなった鍋は素手でさわれませんが、手袋などでは触ることができます。これは手袋に含まれる空気が熱を伝えにくくしているからなのです。これは断熱です。

熱放射は、赤外線が対象となります。壁体の高温側からは赤外線も材料を加熱します。この材料から低温側に赤外線が放射されます。このことを熱放射（radiation）と言います。熱放射は電磁波によるエネルギーの出射によるものです。電磁波自体が熱を持っているものではありませんが、電磁波を受けた物体の構成分子が激しく振動して熱が発生します。この物体から二次的に電磁波が発生します。このような連鎖の元を電磁波が受け持っています。

このように高温側から低温側に熱が伝わる場合、空気を媒体に伝わる熱伝達、材料間の熱伝導、低温側への熱伝達、放射による熱移動が生じ、総合的に熱が移動します。この現象を熱貫流と言います。この熱の伝わりやすさを熱貫流率と言います。

このように高温側から低温側に熱が伝わる場合、空気を媒体に伝わる熱伝達、材料間の熱伝導、低温側への熱伝達、放射による熱移動が生じ、総合的に熱が移動します。この現象を熱貫流と言います。

3-2　断熱とは

　熱の伝わりやすさは材料によって大きく異なります。一般に重たいものほど熱を伝えやすいのです。金属やコンクリートは、熱伝導によって熱を大量に伝えます。軽い物質の代表である「空気」は、熱を伝えにくい性質があります。このため内部に空気をたくさん含んだ物質ほど、熱を伝えにくいと言えます。このように、伝熱を抑えることを断熱と言います。

　自然界では、動物の毛皮や水鳥の羽毛（ダウン等）は、日常的に寒さから身をまもってくれることを知っています。人間も自然から身をまもり、生活を豊かにするために、伝熱をコントロールする道具や材料を開発してきました。身近なところでは服やふとん、タオル、グラスウールなど大量の空気を含んでいるものを断熱材と言います。魔法瓶や冷蔵庫も周囲に熱を伝えにくい素材で保護されています。

3-3　遮熱とは

　熱貫流の熱放射を低減することを遮熱と言います。熱放射は、日頃、経験していますが専門用語と誤解され難しいと思われているために、あまり日常的に使われる単語では無いようですが、熱放射の正体は赤外線です。

　右図は石炭ストーブから放射している赤外線のイメージを示しています。赤外線の放射量は絶対温度の4乗に比例しますので、このストーブからは大

図3-2　赤外線の出射

量な赤外線が放射されています。赤外線の性質として直進性があります。折角、ストーブに当たっているのに誰かが間に入ってくると、途端に温かくなくなります。このように赤外線は物質を通り抜けることはほとんどなく、また、曲がりませんから、室内に赤外線を反射する壁面があれば、効率よく赤外線の恩恵を受けることも考えられます。

　また、物質が赤外線を吸収するときの吸収率は、その色には無関係です。したがって、黒い服を身に着けても白い服を身に着けても、赤外線による温かさに違いはほとんどありません。

　赤外線は冷房を妨げるエネルギーにもなります。この場合は赤外線を反射または、遮ることが必要になります。この時に遮熱が必要になります。赤外線を反射、遮ることができる物質は金属以外にありません。薄い金属箔のようなもので十分です。遮熱塗料といわれるものは金属粉や金属箔を含有しています。自動車のメタリック塗装も赤外線から塗膜を保護する重要な役割があります。

3－4　遮熱と断熱

　熱が壁体を移動するとき、赤外線を除去する（遮熱）と、その移動量は大幅に低減できます。したがって、建築物の断熱工法は、この遮熱処理を行うことで大きな効果が生まれます。

　建物の窓は冬季には熱が逃げ、夏季には日射が侵入するように、いわゆる冷暖房の負荷になる部位です。この弱点を解消するため、遮熱と断熱を同時に行い、大幅な機能向上を達成したものに Low-E ガラスがあります。Low-E ガラスはエコガラス、低放射ガラスといいます。

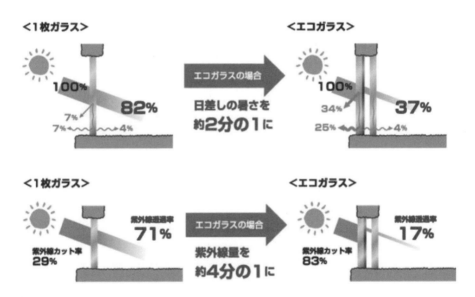

環境省　エコガラス HP より

図3－3　普通ガラスとエコガラスの日射量比較

　上図では普通ガラス1枚とエコガラスの日射量比較、紫外線の侵入量比較を示しました。1枚ガラスの約半分程度の日射量となり、透過日射量が少な

いことが分かります。紫外線透過量も 4 分の 1 程度に減少します。

　Low – E ガラス（エコガラス）は空気層を持たせたガラスの空気層側に赤外線反射のための金属膜（Low – E 膜）をコーティングしてあります。日射の赤外線を 50% 以上反射しますので大きな遮熱効果と、複層構造による断熱効果により、従来は断熱してもガラスで熱が逃げていましたが、これにより、窓が断熱の弱点ではなくなりました。欠点もあります。遮熱、断熱が効果的におこなわれますので、広縁に用いた場合、日向ぼっこは暖かくありません。

第四章　健康的な冷暖房の姿

　大規模建築では空気調和設備で冷暖房します。この場合、空気調和設備は、外気を取り入れて、室内環境に必要な空気の状態に作り変えて室内に供給することが求められます。住宅の場合、機械室は無いのが普通ですから、空気調和というより、冷暖房と定義します。

　冷暖房は、夏は涼しく冬は暖かい空間を実現することですが、冷やす、温める、をどのような方法で実現するのかが重要となります。

　人が最も長時間に生活する場所が我が家です。住宅、非住宅によって必要な要素が異なるわけではありませんが、各要素の重みは、その空間によって異なります。ここでは、住宅で健康的な生活を営むために必要な環境要素を解説します。

4－1　求められる性能

　空気質に関しては、

1．室内空気が清浄で汚染物質が素早く排出できていること
2．室内空気が静穏で、ホコリ等が動かないこと
3．VOC 等のシックハウス原因物質が発生しないこと、あるいは少ない事
　　VOC：ホルムアルデヒド等の揮発性有機化合物（Volatile Organic Compounds）

　室内の温度分布に関しては、

1．住居内の温度分布が一様で、大きな温度差が無いこと（玄関ホールからトイレや脱衣室なども均一な室温が望ましい）。椅坐位の状態でくるぶ

しと首部分の温度差が3℃以内であること（ISO基準）

2．床上近傍と天井付近の温度差が小さいこと

3．室内表面温度にばらつきが無く、頭寒足熱（足元が温かく、頭部付近は温かくない）状態が維持されていること

4．室内隅角部の低温化が無い事

　室内の相対湿度に関しては、

1．冬季で30％以上、夏季で60％以下であること

2．冬季に、むやみに加湿しすぎないこと

　専門家は、以上のような性能を目指した家づくりを目指しています。

4－2　冷暖房手法と、その特徴

4－2－1　ルームエアコンによる冷暖房

　現在のルームエアコンは冷暖房対応が一般的ですから、通年で使用します。消費電力に対する冷暖房能力（COP: Coefficient Of Performance　エネルギー消費効率）も、年々向上していますので、10年以上も使用しているルームエアコンと、現在市販されている高効率ルームエアコンを比較して、30％以上も省エネルギー効果に差があります。

　ルームエアコンは沸点が−26℃程度の冷媒ガス（HFC）を使用して熱運搬する装置です。室内空気を加熱して循環させれば暖房効果、冷却して循環させれば冷房効果が得られます。

　ルームエアコンは、最も一般的な冷暖房機器です。使用する電気エネルギー以上の冷暖房エネルギーを得ることができるので、非常に効率が良い冷暖房機器でもあるのです。

　ルームエアコンの長所は、冷暖房が効き始めるまでの時間が短い特徴があります。また、最新のルームエアコンは、部屋の隅々まで空調でき，窓廻りの暑さや寒さも解消します。人感センサーを内蔵して、人がいるところだけを狙った冷暖房も可能になっています。

　短所もあります。ルームエアコンを使用すると、空気が乾燥しすぎる欠点があります。冷房では除湿しますから不快なジメジメ感が減少しますが、暖房では乾燥しすぎてしまいます。　ルームエアコンは室内空気を循環させて、その効果を得るために風が発生します。風によって、塵・ホコリが室内に舞ってしまいます。また、人に直接当たると不快さを感じることもあります。温風が当たって不快と感じるような現象をウォームドラフトといいます。また、冬季の窓が冷えていることから、窓付近の冷たい空気が床を流れるように移動するときに感じる足元の冷感等をコールドドラフトといいます。ドラフトとは不快な空気の流れ全般を指す言葉です。

4－2－2　放射冷暖房とは

　放射冷暖房とは赤外線の授受により、「温かさ・涼しさ」を得る冷暖房方式を言います。その手法として、床暖房（給湯管埋設による温水循環方式が望ましい）・放射パネル（ヒートポンプを利用した冷温水循環方式が望ましい）の利用・室内の赤外線反射塗料による内装仕上げ、がその中心です。

　赤外線とは電磁波の一種です。人間が見ることができる光の波長は 0.38 μm~0.78 μm であり、赤外線は 0.78 μm より波長の長い光を言います。この場合は光といっても人間の目で見ることはできませんので、長波長の電磁波が正体です。

　赤外線が物体にぶつかった時、その一部が物体に吸収されます。この時、赤外線の波長と物体の種類によって、その程度に差はありますが、熱が発生し温度が上昇します。吸収されなかった赤外線は反射したり、透過したりします。また物体は赤外線を吸収する一方で、赤外線を放射しています。－273℃（絶対零度）以上の温度を持った物体はすべて赤外線を放射します。この物体の温度が上がれば上がるほど赤外線を放射する強度は上昇し、その物体の絶対温度の4乗に比例します。このような物理的な現象を冷暖房に応用して、温かい空間、涼しい空間を作り出して、快適で健康的な生活をおくろうとするものです。

　放射冷暖房方式には以下のような長所があります。

1）室内高さ方向の温度差が少ない。足元が冷たく顔が暑いという実感から、足元が温かく顔も火照るようなことはありません。

2）室温を高く保たなくてよい。このことは室内の温度分布を均一に保ちやすい。

3）冬季の、室内の過乾燥を防止できます。

また、欠点もあります。

1）夏季の除湿効果が低い。そのため、補助的機器として除湿器を勧めています。

第五章　室温の快適評価

　室内の温熱環境は寒い、温かい、湿っぽい、乾燥している、などの生活実感から判断している場合がほとんどですが、それでは、健康に良い室内環境を目指すためには、あまりにも曖昧な表現です。「温かさ」は何を着ているか、運動状態はどうなのか、によって全く異なり、自分自身の実感もあまり当てになりません。「湿っぽさ」は相対湿度40%から60%程度にあれば、あまり不快に感じません。ほとんど普段の生活実感で相対湿度を言い当てることは不可能です。このように、人の生活実感は当てにならないのです。したがって、建築基準法や構築物における衛生的環境の確保に関する法律（ビル管理法）で規定されている数値が目標値になります。

5−1　室温とPMV

　現在、温熱環境の評価基準はPMV（Predicted Mean Vote　予測温冷感申告）という指標が用いられています。

　人の在室時に、「温かい、寒いなどの温冷感」に影響する要素は、6つあると規定しています。①室温②平均放射温度（MRT　Mean Radiant Temperature）③相対湿度④平均風速の物理的要素と、2つの人間側の要素である⑤着衣量と⑥作業量です。

　室内の温熱環境を評価する快適方程式をPMVとして、6つの要素を代入すると、人間がその時暖かいと感じるか、寒いと感じるかを「7段階評価尺度による数値」で表すことができるようになっています。またPPD（Predicted Percentage of Dissatisfied 予測不満足者率）は、人間が、「暑い、寒い」の状態の時に何%の人がその環境に不満足かを表しています。

　この指標は、オフィス、住宅など通常人が居住する比較的快適温度範囲に近い温熱環境を評価するのに適しています。PMV は－3（寒い）から +3（暑い）の範囲内の温熱環境を評価します。ISO（International Organization for Standardization 国際標準化機構）の標準では、PMV が± 0.5 以内、予測不満足者率が 10％以下となるような温熱環境が快適であると推奨しています。

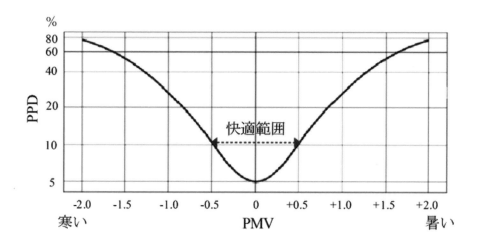

図 5 － 1　PMV と PPD の関係図、寒暑感

PMVは写真5－1に示したPMVメーターで計測します。

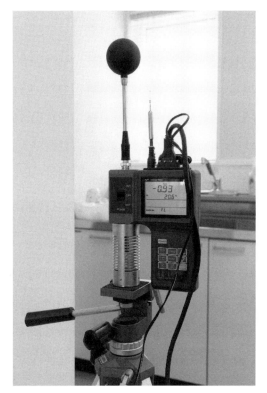

写真5－1　実験住宅内でPMVを計測中

5-2　室温と平均放射温度（MRT）

　部屋の温度は 20℃ 程度なのに、寒く感じる、と思われたことも多いかと思います。このような状況は、「床の温度が低い、背中側の窓が冷えている、壁が冷たい」といった時に感じます。室内で衣服を着ていても人の表面温度は 30℃ 程度になりますが、床や窓の温度が 20℃ を下回るような冷たい部位があると、人からの熱量は放射によって床や窓、壁に吸収され、人の表面温度は下がってしまい、結果として寒く感じるようになります。したがって、室内の温熱環境は室内気温と室内の床、壁、天井などの周壁面平均温度が重要になります。この要素を MRT（平均放射温度　Mean Radiant Temperature）といいます。室温と MRT の関係は興味深く、室温が MRT よりも高いのか、等しいのか、低いのかで、その室内の温熱環境は生活実感として大きく異なってきます。室温＞ MRT の場合、暖房しても寒さが拭えません。室温よりも周壁面平均温度が低いため、人からの放射熱量は周壁面に吸収され、室温ほど温かいと感じません。また、室温＜ MRT の場合、室温は、それほど高くないのに温かいと感じます。周壁面からの放射熱を人が吸収し、温かいと感じます。床暖房や壁暖房などの放射暖房がこの場合に相当します。

第六章　省エネルギーと基準

　家庭のエネルギー消費の約30％を占めているのが暖冷房です。省エネルギー性能の高い住宅とは、この暖冷房のエネルギー消費を抑えることのできる住宅です。冬においては、室内の温かい空気が逃げないこと、夏においては、室外からの熱が室内に侵入しないことで、少ない暖冷房エネルギーで快適に過ごすことができるようになります。そのために重要なのが、冬に熱を逃がさない「断熱」と、夏に熱を侵入させない「日射遮蔽」です。

6-1　省エネルギー住宅とは

　省エネルギー住宅は、エネルギー消費を抑えるだけではありません。「断熱」と「日射遮蔽」により、冬は「部屋の中の暖かい空気が逃げず、部屋内や部屋間の室温がほぼ均一の家」「北側の風呂もトイレも寒くなく、結露もしない家」、夏は「室外からの熱気が入らずに涼しい家」「小型のエアコンでも良く効き、朝・夕は風通しの良い家」が実現できます。つまり、「省エネルギー住宅」＝「快適な住宅」であるといえます。

　また、省エネルギー住宅は、カビやダニ発生や構造材の腐朽の原因となったりする結露も少なく、さらに、部屋の間の温度差も少なくなるので、ヒートショックによる健康被害も防止できます。つまり、「省エネ住宅」＝「健康的な住宅」でもあるのです。

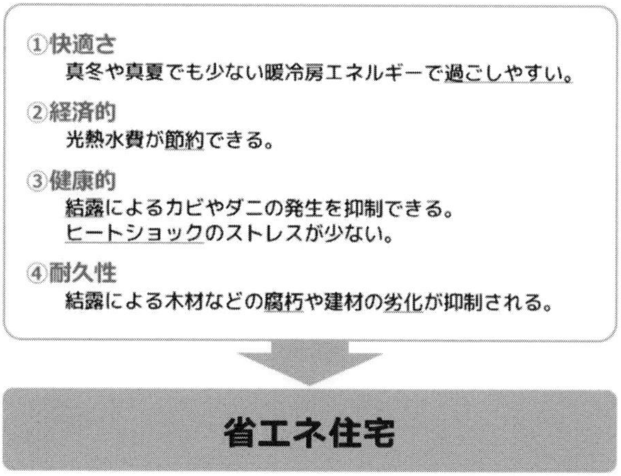

①快適さ
　真冬や真夏でも少ない暖冷房エネルギーで過ごしやすい。

②経済的
　光熱水費が節約できる。

③健康的
　結露によるカビやダニの発生を抑制できる。
　ヒートショックのストレスが少ない。

④耐久性
　結露による木材などの腐朽や建材の劣化が抑制される。

省エネ住宅

資源エネルギー庁 HP より引用図

図6－1　省エネルギー住宅の要素

6－2　省エネルギー住宅のポイントとは

　省エネルギーで快適な住まい作りの基本は、冬は「断熱」、夏は「断熱と日射遮蔽」です。

ア　冬に快適な住まい

　家全体を「高性能な断熱工法で包み」、室内から熱を逃がさないこと、また室内の表面温度を下げないことがポイントになります。併せて、隙間をふさいで暖房効果を高める「気密」と必要量の室内空気の入れ替えを行って室内を快適に保つ「換気」が重要です。

イ　夏に快適な住まい

　日中は家全体を「遮熱工法で蔽って」日射熱を遮り、「室内の温度をできるだけ上げない」ことがポイントになります。併せて、換気により室内の熱を屋外へ排出する「排熱」と冷房が off 時は、「通風」により涼をとることと室内温度をなるべく上げないようにすることが重要です。

6-3 省エネルギー基準

　建築物のエネルギー消費性能の向上に関する法律が、2016年7月8日に公布されました。建築物のエネルギー消費性能の向上に関する法律（以下「建築物省エネ法」という）は、エネルギーの使用の合理化等に関する法律で措置されていた300㎡以上の建築物の新築等の「省エネ措置の届出」や住宅事業建築主が新築する一戸建て住宅に対する「住宅トップランナー制度」等の措置に加え、新たに「大規模非住宅建築物の適合義務」、「特殊な構造・設備を用いた建築物の大臣認定制度」、「性能向上計画認定・容積率特例」や「基準適合認定・表示制度」等を措置したものとなっています。

住宅の省エネルギー性能の評価については、下記の2つの基準を用います。

1）住宅の窓や外壁などの外皮性能を評価する基準
2）設備機器等の一次エネルギー消費量を評価する基準

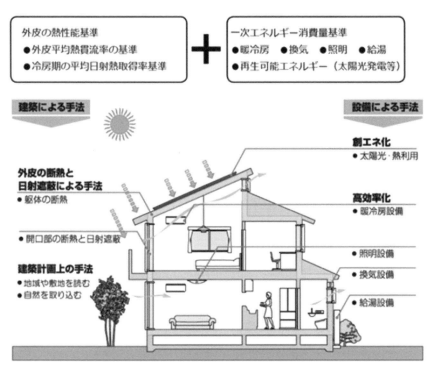

IBEC　建築省エネルギー機構 HP より

図6-2　住宅の熱負荷と省エネ技術

6－3－1　外皮の熱的性能基準

外皮の熱性能基準には、断熱性能を示す「外皮平均熱貫流率 UA」と日射遮蔽性能を示す「冷房期の平均日射熱取得率 η AC」があります。いずれも「外皮の部位の面積の合計」に対する指標です。

- **外皮平均熱貫流率UA**

U : ユー

A : エー（average : 平均）

地域区分	1	2	3	4	5	6	7	8
外皮平均熱貫流率の基準値 U_A 〔W/ (㎡・K)〕	0.46	0.46	0.56	0.75	0.87	0.87	0.87	—

$$外皮平均熱貫流率\ U_A = \frac{単位温度差当たりの外皮熱損失量\ q}{外皮の部位の面積の合計\ \Sigma A}$$

- **冷房期の平均日射熱取得率ηAC**

シー（cool : 冷房期を示す）

地域区分	1	2	3	4	5	6	7	8
冷房期の平均日射熱取得率の基準値 η_{AC} 〔%〕	—	—	—	—	3.0	2.8	2.7	3.2

$$冷房期の平均日射熱取得率\ \eta_{AC} = \frac{単位日射強度当たりの冷房期の日射熱取得量\ m_C}{外皮の部位の面積の合計\ \Sigma A} \times 100$$

IBEC　建築省エネルギー機構 HP より

図6－3　外皮の省エネルギー基準

６－３－２　一次エネルギー消費量の評価基準

一次エネルギー消費量基準の評価では、評価対象住宅において、共通条件の下、設計仕様で算定した値（設計一次エネルギー消費量）が、基準仕様で算定した値（基準一次エネルギー消費量）以下となることが求められます。

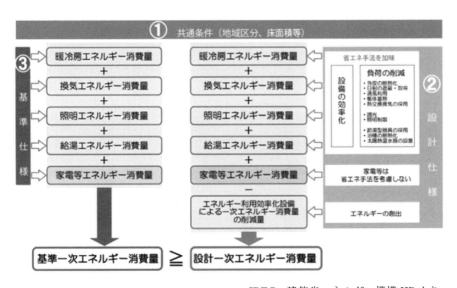

IBEC　建築省エネルギー機構 HP より

図６－４　基準エネルギーと設計エネルギー

第七章　冷暖房の理想を求めた「放射の家」プロジェクト

　U興業と前橋工科大学工学部・建築学科・関口研究室では、人にやさしい理想的な住宅を求めて研究し、実験住宅を建設して実証実験、実証測定を行っています。

7－1　実験住宅の設計趣旨

　群馬県前橋市に建つ実験住宅は、ゼロエネルギー住宅に加えて改正省エネルギー法における4等級〔2014年（平成25年）度省エネ基準〕に適合し、冷暖房手法を放射冷暖房とする実験住宅が2017年2月に完成しました。

　本実験住宅の設計趣旨は、

1．鉄骨構造・木仕上げによって耐震性能と居住実感を向上しています。
2．太陽光発電を積極的に利用し、創エネルギー化しています。
3．高断熱構造によって省エネルギー性能を担保し、室内温度変化の偏差を小さくしています。
4．冷暖房の主熱源は電気式高効率ヒートポンプ式とし、加熱源は床暖房による暖房、冷熱源は、熱交換型対流式ラジエターによる冷房とします。冷暖房時において、室内気流が発生しません。
5．夏季の除湿効果は単独の除湿器を運転することによって補います。
6．ZEH基準を達成しています。

7－2　実験住宅の概要

実験住宅の諸性能を表7－1〜表7－4に示しました。

表7－1　断熱等性能

建物名称	U社実験住宅
省エネルギー基準地区	V地域（前橋市）
外皮等面積（㎡）	291.16㎡
断熱区分	天井断熱・基礎断熱

表7－2　熱的総合判断

断熱等性能等級	等級4
外皮平均熱貫流率 UA 値	0.4W/㎡K
冷暖房時平均日射熱取得率 η A 値	1.1
結露防止の基準	○適合

表7－3　実験住宅の各階面積

1 階床面積	51.84㎡
2 階床面積	51.84㎡
延べ床面積	103.68㎡

表7－4　使用設備の使用一覧

太陽光発電パネル	最大出力 8.6KW
ヒートポンプ室外ユニット	出力 1300W
ヒートポンプ熱交換器	加熱能力 7.0KW
加熱時 COP	3.9
	冷却能力 5.0KW
冷却時 COP	2.6

７−３　実験住宅の設計図および写真

７−３−１　各階平面図と各方位別立面図

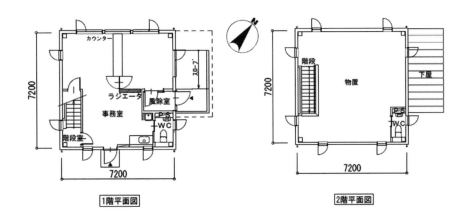

図７−１　各階平面図

　１階平面図より、ワンルーム形式となっていて、界壁はありません。東側入口から風除室をへて室内に導かれます。室内中央にはラジエターと呼ばれる冷温水循環型放射パネルが設置されています。床全体は温水床暖房システムが導入してあります。２階平面図より、ワンルーム形式となっています。使用時は必要に応じて界壁を設置します。階段は冷気や暖気、騒音を運搬する空間となりますのでドアを設置して区切り、階段室形式としています。

　各階の窓はLow‐Eガラス（エコガラス）を用いた複層ガラス仕様であり、外開き形式になっています。これは断熱・遮熱仕様であり、外開き窓によって気密性を確保しています。

図7－2　各方位別立面図

　各方位別立面図から、窓は断熱・遮熱の弱点になりますので開口窓面積は
小さくなっていますが、室内照度は十分に採れています。建物外観は立方体
形状になっていますが、この形状が最も外壁面積を小さく抑え、室内容積が
大きく採れる形状で、省エネルギー形状と言えます。

　南向する屋根は太陽光パネルを設置するために緩やかな勾配と、設置に十
分な屋根面積を確保しています。

７－３－２　実験住宅の工事写真および完成写真

鉄骨工事　2015 年 11 月

木下地工事　2015 年 11 月

完成　2016 年 3 月

ラジエター（室内放射パネル）

写真７－１　工事写真、完成写真

　本実験住宅は鉄骨造を木造外壁等で被覆した仕様です。十分な耐震性・安全性を確保しながら木造による精密施工と高断熱化を確保しています。右下は１階に設置したラジエターで、ヒートポンプから冬季に温水、夏季に冷水を循環させています。

7－4　実証計測の概要

7－4－1　建物の測定項目

本実験住宅には温度センサーを①建物基礎底部埋設グループ、②建物基礎底部砕石内グループ、③1階土間内埋設グループ、④2階床スラブ内グループ、外壁通気層グループ（東面、西面、南面、北面）、⑤室温、外気温、室内湿度等の環境計測グループ、⑥1階高さ方向の温度計測グループ、⑦1階室内PMV計測、のグループで計測実施しています。センサー数は65点を超えています。

７－４－２　１階土間コンクリート内の設置センサー

１階土間内の温度センサー設置

温度センサー（被覆熱電対）

温度センサー設置

温度センサーの束が見られまます

写真７－２　１階土間内に設置した温度センサーと設置写真

7−4−3　壁体内部に設置した温度センサー

西側壁通気層内部に設置した温度センサー

温度センサーの先端部分

東側入り口横の壁体内部に設置した温度センサー

北側壁体内部の温度センサー

写真７−３　壁体通気層内に設置したセンサー

第八章 「放射の家」の熱的性能計測および結果

　以下に項目別の計測結果を示し、その結果の示す意味について解説します。

８－１ 「放射の家」の発電量と消費電力量

　「放射の家」には第7章に示した太陽光発電パネルと冷暖房用の設備機器が設置されています。実験住宅ですから一般的に生活している住宅ではありませんが、2018年1月から12月までの稼働について示しました。

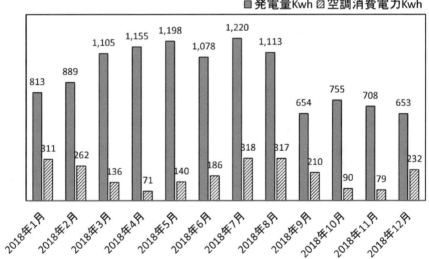

図８－１　2018 年度の発電量と空調消費電力量の比較

　空調消費電力は4、5月、10、11月と、空調の必要性が低い中間期で少なくなっています。また、太陽光パネルによる発電量は、日照時間と日射量の

大きい３月から８月で大きくなっています。

　空調消費電力は住宅の断熱能力、日ごろの生活パターンに大きく依存します。太陽光による発電量は日射量と日照時間に依存します。群馬県前橋市は日照時間も日射量も大きいので、太陽光発電には最適な地域と言えます。

　以上の結果は、【事務所】月別太陽光発電量（kwh）＋【車庫】月別太陽光発電量（kwh）-【ヒートポンプ】月別電力消費量（kwh）によって、発電量と消費電力量の比較と差を求めることができます。明らかに、発電量＞消費電力量　となっています。したがってZEH*¹が達成できた実験棟となっています。

　　　　＊¹ZEH（ゼッチ）（ネット・ゼロ・エネルギー・ハウス）とは、「外皮の断熱性能等を大幅に向上させるとともに、高効率な設備システムの導入により、室内環境の質を維持しつつ大幅な省エネルギーを実現した上で、再生可能エネルギーを導入することにより、年間の一次エネルギー消費量の収支がゼロとすることを目指した住宅」です。

8-2 外気温と室温の年変化

2018年1月～12月の外気温度、室内気温、室内湿度の年変化を以下のグラフに示しました。

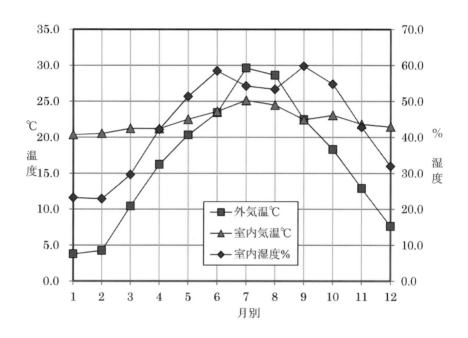

図8-2 実験住宅の周辺外気温と室内温湿度結果

室内気温は一年を通して20℃から25℃の範囲で推移しています。ビル管理法でも、建築環境工学上でも快適な範囲にあります。

冬季の暖房は床暖暖房が中心です。平均気温は20℃～21℃で安定してい

ます。衣服の着衣状況では、裸足にスリッパで冷感は感じません。ブラウス
で特にセーターが必要な状況ではありません。冬季では軽装と言えます。放
射冷暖房の特徴として室内空気温度が低いので過乾燥になり難いのです。

　夏季の冷房は冷放射パネルが中心ですが、特に暑い時の若干のルームエア
コン使用と、室内除湿器の使用が中心です。室温平均では23℃〜25℃で推
移しています。平均値ですから、快適な範囲です。日本の夏はモンスーン気
候特有の高温多湿気候帯ですから、室温管理とともに湿度管理も重要です。
夏季においては除湿しすぎることはあまり無く、適当な除湿器の使用により
室内湿度は30%〜60%の範囲で推移しています。夏季から秋季においても
カビが生育しにくい状態で推移しています。

8－3　外気温と建物各部分の温度

　本プロジェクトの実験住宅には建物基礎、1階土間、2階土間、外壁内部、2階小屋裏など、47点に温度センサーを設置してあります。竣工から現在に至るまで測定を実施しています。その中でも建物の1階床の土間平均温度、室内気温、室外気温の関係を以下に示しました。

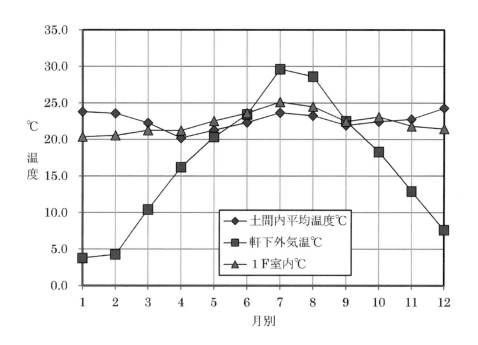

図8－3　実験住宅周辺外気温と室内気温、土間内平均温度

上記の結果から、冬季の11月から4月上旬までは床暖房システムが稼働しているために土間平均温度が室温を上回っています。また、5月から9月で

は床暖房を稼働させませんが室温が土間平均温度を上回っています。すなわ
ち、室内の温熱は、床に吸熱されることを表しています。

　また、室内気温も土間平均温度も一年を通して 20℃から 25℃の範囲で推
移していて、非常に安定している温熱環境であると言えます。

　このように建物の構造体そのものの温度管理ができていると、建物を高断
熱外壁で包むことによって、夏は涼しく、冬は暖かい、パッシブ＋アクティ
ブ省エネルギー住宅の建築が容易になります。

8−4　室内の高さの違いによる温度変化

　室内気温は室内の高さの違いによって異なります。空気を加熱する暖房などでは床面と天井付近の温度差が10℃を大きく超えるような現象は珍しくなく、足元は寒いが頭部は温かいという実感も経験済みかと思います。過去の序測定結果から、冬季の温風ヒーター使用時における室内気温を実測して、床面付近で15℃、天井付近で28℃を示した結果も存在します。本実験棟では床面から天井面までの高さの違いによる温度変化を通年測定しています。

写真8−1　室内計測の様子

写真8−2　高さ方向の温度計測風景

　写真8−1では天井からクローブ温度計を設置しています。写真8−2では天井と床を紐で固定し、床から10cm（人の足首の位置）、75cm（椅坐位における背中上部位置）、140cm（立位の肩から首の位置）、205cm（立位で手を挙げた位置）、270cm（天井上部）を想定し、温度センサー（被覆熱電対）を設置して、通年の温度変化を計測しました。

一般的な空気冷却・加熱する冷暖房では、冬季は足元が冷たく、顔部分は暖かいものです。夏季では足元が冷たくなります。図8－4に示したように放射冷暖房方式では通年を通して、高さの差による温度変化は小さい温熱環境が得られました。

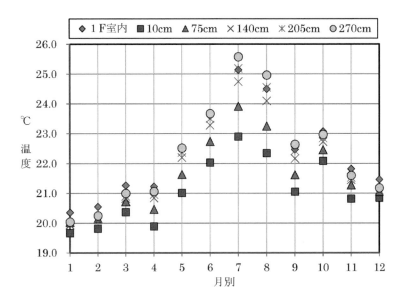

図8－4　室内高さ方向の違いによる平均温度

　図8－4は本実験棟の、室内高さの違いによる各点の温度を平均値で示しました。実験棟の日中は事務員や作業員の出入りがあり、風除室があるとはいえ、外気の侵入があります。このような状況でありながら、1月、2月、3月、10月、11月、12月は高さ方向の温度差が±0.5℃で収まっています。5月から9月の夏季であっても±1.5℃以内で収まっています。本実験棟は床面と天井面の温度差がほとんど生じていない空間であることが証明されました。

第九章　「放射の家」の生活実感調査結果

　建築空間の評価は難しい点が多々ありますが、本プロジェクトでは、実験住宅の長期滞在者、訪問者、男性、女性など違いによる空間印象を、アンケート調査を通して明らかにしました。用いたアンケート用紙と結果を以下に示しました。

９−１　生活時間に対するアンケート調査

　「放射の家」の生活実感は、前橋工科大学工学部建築学科・関口研究室によって平成 28 年 7 月 12 日から平成 29 年 1 月 31 日までの期間で、来訪者に対するアンケート調査を実施しました。以下にアンケート用紙１〜３を示しました。

　性別、年齢、服装、放射熱に関する実感等が特徴的です。

温熱環境の生活実感アンケート調査のお願い

記入日時：平成　　年　　　月　　　　日　　　　時　　　天候

　室内の生活実感をお尋ねし、室内空間の快適性について調査をしています。個人を特定できるような情報を記入しなくても構いません。ご自身の意見に最も近いものに印をつけてください。

1. あなたご自身についてお尋ねします。

（1）あなたの性別をお答えください。

　　　　　　　　　　　□男性　　□女性

（2）あなたの年齢をお答えください。

　　　　□10代　　□20代　　□30代　　□40代　　□50代　　□60歳以上

（3）あなたの現在の服装についてあてはまるものにすべてお答えください。

※男性の方

　　□インナー　（□タンクトップ　□半袖　□長袖）　□Tシャツ　（□半袖　□長袖）

□ワイシャツ　（□半袖　□長袖）　□ポロシャツ　（□半袖　□長袖）　□デニムシャツ　□ベスト　□カーディガン　□ニット　□パーカー　□ジャケット　□コート　□トレーナー／スウェット（□上　□下）　□ジャージ（□上　□下）　□パンツ（下着）　□ハーフパンツ　□七分丈パンツ　□オーバーオール　□靴下　□ステテコ　□腹巻　□長ズボン　（□ジーンズ　□スラックス　□チノパン　□作業着）　□スリッパ　□その他（　　　　　　　　　　　　　　　　　　）

アンケート用紙１

※女性の方

□インナー　（□ブラジャー　□キャミソール　□タンクトップ　□半袖　□長袖）　□腹巻

□ストッキング　□タイツ　□レギンス　□ノースリーブ　□ベスト

□Tシャツ　（□半袖　□長袖）　□ブラウス　（□半袖　□長袖）　□デニムシャツ

□ポロシャツ　（□半袖　□長袖）　□カーディガン　□ニット　□パーカー

□ジャケット　□コート　□トレーナー／スウェット（□上　□下）

□ジャージ（□上　□下）　□パンツ（下着）　□ショートパンツ　□ハーフパンツ　□

七分丈パンツ　□スカート　（□ひざ上　□ひざ下　□足首丈）

□長ズボン　（□ジーンズ　□スラックス　□チノパン　□ガウチョ　□作業着）

□ワンピース　（□ノースリーブ　□半袖　□長袖　□ひざ上　□ひざ下　□足首丈）

□オーバーオール　□靴下（□くるぶし丈　□ひざ下　□ひざ上）　□スリッパ

□その他　（　　　　　　　　　　　　　　　　）

(4) あなたの現在の活動についてお答えください。
□安静にしている　□椅子に掛けている　□立っている　□事務作業　□歩行　□運動

※あなたは現在いる階数はどちらですか。□1階　□2階

2. 部屋の温熱環境についてお尋ねします。

(1) 体全体として温度の感じはいかがですか。
□寒い　□やや寒い　□適当　□やや暑い　□暑い

(2) 体全体として湿度の感じはいかがですか。
□低い　□やや低い　□適当　□やや高い　□高い

(3) 体全体で風が気になりますか。
□気にならない　□あまり気にならない　□やや気になる　□気になる　□非常に気になる

アンケート用紙2

(4) 放射熱が気になりますか。

※放射熱とは窓際での夏の太陽熱や冬の窓面からの冷感などのこと

□気にならない　□あまり気にならない　□やや気になる　□気になる　□非常に気になる

(5) 部屋の頭部と足部の温度差が気になりますか。

□気にならない　□あまり気にならない　□やや気になる　□気になる　□非常に気になる

※（5）でやや気になる、気になる、非常に気になると答えた方にお尋ねします。

(5. 1) 足部の温度の感じはいかがですか。

　　　　　　□寒い　□やや寒い　□適当　□やや暑い　□暑い

(5. 2) 腰回りの温度の感じはいかがですか。

　　　　　　□寒い　□やや寒い　□適当　□やや暑い　□暑い

(5. 3) 顔、頭部の温度の感じはいかがですか。

　　　　　　□寒い　□やや寒い　□適当　□やや暑い　□暑い

(6) 長時間在室している方に伺います。温度の変動が気になりますか。

□気にならない　□あまり気にならない　□やや気になる　□気になる　□非常に気になる

(7) 現状の温熱環境に満足していますか。

　　　　　　□不満　□やや不満　□どちらともいえない　□やや満足　□満足

(8) 現在の温熱環境についてご自由にお書きください。

| |
| |

アンケート用紙3

9-2　アンケート結果から判ったこと

生活実感アンケートの結果から、アンケート回答者を着衣量で分別し、室温や室内湿度と比較した。○は快適、◇は暑い、△は寒い、×は不快と回答した人の

着衣量を右軸に示しました。着衣量は clo の単位で表しています。衣服の熱抵抗値を数値化したものです。男性の春秋スーツ姿にネクタイで 1 clo、クールビズなら 0.7clo 程度です。防寒着になると 1.4 ～ 1.6clo となります。

夏季 7 月の結果を図 9 - 1、2 に示しました。

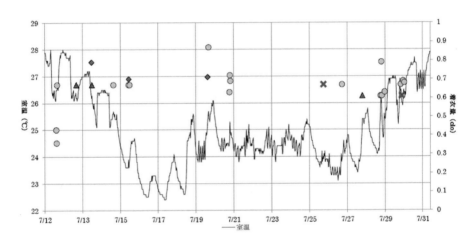

図9-1　7月の室温と評価

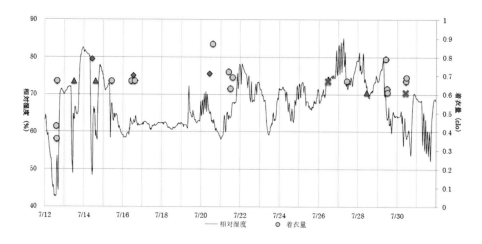

図９－２　７月の相対湿度と評価

　図９－１、２より、７月前半の回答者において着衣量に大きな差はないものの室温の変化によって“やや暑い”“やや寒い”と申告しています。７月の日常生活に対応する衣服に対して不適合な場合、暑い、寒い、の評価になると考えられます。26℃〜28℃付近で「快適」の評価が多くみられました。本実験住宅のような放射冷暖房方式では室温低く保たなくても十分に快適であるとの評価が明らかになりました。

　また、「やや暑い」、「不快」と申告された日の湿度が高く、蒸し暑いとの評価がありました。除湿器を運転すると「蒸し暑さは消えた」等の申告になり、夏季の除湿器運転は重要です。

冬季の 11 〜 12 月の結果を図 9 − 3、4 に示しました。

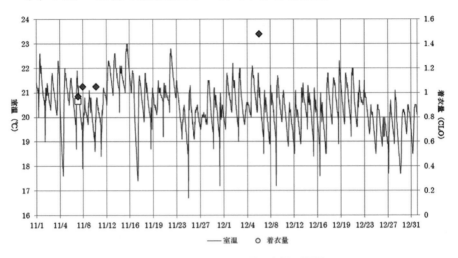

図 9 − 3　11 月〜 12 月の室温と評価

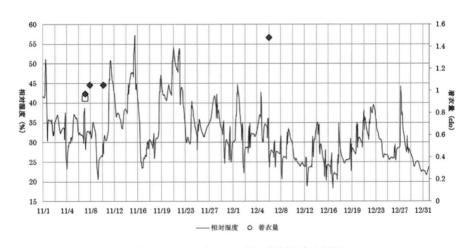

図 9 − 4　11 月〜 12 月の相対湿度と評価

冬季では右軸の着衣量 clo 値が大きく上がっています。冬用防寒着の着衣と判断できます。

　図9 - 3、4では"やや寒い"という申告が目立ちますが、主に実験住宅の訪問者の評価であり、長時間在室している事務作業員は「温度も湿度もちょうど良い。朝の出勤時も暖かく、冬季に入ってから毎日快適である」と申告しており、冬季の実験住宅の快適性は確保されていることが判りました。

第十章　住宅に不可欠なこと

　人は、一日 24 時間の内、半分の 12 時間を家で過ごすとすれば、約 40 年間を住宅で過ごすことになります。幸せに、健康に過ごすためには、住居の様々な性能に注意しなければなりません。

1）住宅内部の注意点

　玄関から玄関ホール、玄関ホールからリビングルーム、脱衣室、洗面所、トイレなど、**不必要な段差は設けないこと**です。人は日常的に、無意識に持っているリズム感や距離感で生活しています。不要な段差があると、ちょっと狂ったリズム感で大事故を招く恐れがあります。高齢化した時の大きな危険要素として、指摘されています。また、段差を設ける場合、その高さは日常的に使用する階段の蹴上高さに統一すると良いでしょう。

　人の日々の行動は、その人のリズム感で体を動かしています。歩く、走る、段差を越える、階段を上り下りする、など、枚挙に暇がありません。このリズム感こそが無意識の意識として大変に重要な運動要素です。

2）住宅の外部の注意点

　建物の周囲には犬走*² を設けましょう。建物外壁の汚れを防止するとともに、地震にも強くなります。

　　*² 犬走とは石やコンクリートで外壁の外側に向かって建物を囲む外構部分を指します。雨樋が無かった時代は雨だれで外壁が濡れるのを防いでいたと理解されていますが、現代でも犬走は建物を湿気から遠ざける役割があり、外壁も汚れにくく、建物の意匠的にも好印象があり

ます。

3）暖房・冷房の注意点

　冬季には暖房しますが、温かい空間と寒い空間の温度差が大きくなっているのが一般的な住宅です。この温度差は重大で、ヒートショックによる血圧の上下は大きな健康リスクになっています。住宅内部は、押し入れや納戸を除いたすべての室温を均一化することによって、温熱環境の平準化が図れ、健康的な室内温熱環境が達成できます。床暖房を採用することは効果的ですが、一部分だけの床暖房使用では、かえって温度差ができてしまいます。

4）住宅内の温湿度管理

　住宅内の湿度管理は十分でしょうか。一度発生したカビを退治することは、ほとんど不可能です。カビが生育しやすい環境は、ダニの生育しやすい環境と同様になります。

5）住宅の遮音性能

　住宅に遮音性能を求める声は決して大きくありません。しかし、都市化している現在、家と家の距離が近く、他人の行動音に対して厳しくなっている風潮も指摘されています。人が生活すれば音は発生しますし、屋外には様々な騒音が発生、伝搬しています。屋外騒音が住居内に侵入することによる被害については、睡眠と騒音の大きさには大きな関係があります。

　また、静かな環境は良質な睡眠に不可欠で、健康に重要な要素です。

おわりに

　近年、住宅の着工数は右肩上がりで上昇しています。これらの建築におけるエネルギーを CO_2 換算すると、やはり右肩上がりの傾向を示しています。すなわち、住宅着工数は増加していますが、省エネルギー性能の高い住宅の増加率は低いことが分かります。近年、新築住宅の世帯者年齢も低下していることから、省エネルギー仕様にも予算が必要な省エネルギー住宅が増加しない一因となっていることも伺えます。

　健康的で豊かな生活実感を担保できる住宅に住むことは、世帯者のみならず、その家族全てが被る恩恵であると言えます。より良い住宅とは何か、もう一度確認してほしいと考えます。

　私たちの周りにある一般常識は長い時間の中で作られた概念です。しかし、省エネルギー住宅など、これから益々技術や材料、機器が進歩して様々な手法が試される中、非常識と思われる概念も時間がたてば常識化するものです。常識にとらわれず、非常識を追い求めるような未来に対する渇望を期待しようとするものです。

関口　正男（せきぐち　まさお）

1954 年生まれ
前橋工科大学　建築学科　准教授

前橋工科大学ブックレット6

快適な住宅プロジェクト

2020 年 2 月 10 日　初版発行

著　　者：関口　正男

　　　　　〒 371-0816　群馬県前橋市上佐鳥町 460-1

　　　　　TEL 0 2 7 - 2 6 5 - 0 1 1 1

発　　行：上毛新聞社事業局出版部

　　　　　〒 371-8666　前橋市古市町 1-50-21

　　　　　TEL 0 2 7 - 2 5 4 - 9 9 6 6

　　　　　© Maebashi Institute of Technology 2020